ANGELA RÖMER-GERNER

BELEBT!

heilgebete

HERDER

FREIBURG · BASEL · WIEN

EINLADUNG

Eine der tiefsten Erfahrungen in den dunklen Zeiten unseres Lebens ist: Für uns ist nicht alles „machbar". Wir können niemanden heil, keinen wieder lebendig, nicht einmal immer unsere eigenen schweren Stunden hell machen. Und wir können auch niemanden gesund beten oder Wunder wirken.

Alles, was wir tun können, ist, unsere Ohnmacht und Verzweiflung, Angst und unser Leid Gott hinzuhalten und ihn um seinen Segen zu bitten. Segnen, lateinisch benedicere, heißt eigentlich so viel wie Gutes sagen oder wünschen. Und übertragen auf unsere dunklen Stunden könnte das bedeuten, dass wir uns Hoffnung schenken lassen und selbst die Augen öffnen, um auch in diesen Zeiten den Blick für das Schöne und das, was trotz allem noch heil ist in unserem Leben, nicht zu verlieren.

Angela Römer-Gerner hat wunderschöne Worte gefunden für diesen Segen, aber auch für das Leid und den Schmerz, die uns gefangen halten, laut aufschreien und mit Gott hadern lassen.

Mögen Sie als Lesende sich darin wiederfinden und mögen sie Ihnen Mut und Kraft und das Vertrauen schenken, dass selbst nach der tiefsten Nacht wieder ein heller Morgen erscheint. Und dass Sie gehalten sind in der Hand dessen, der einmal „alle Tränen abwischen" wird.

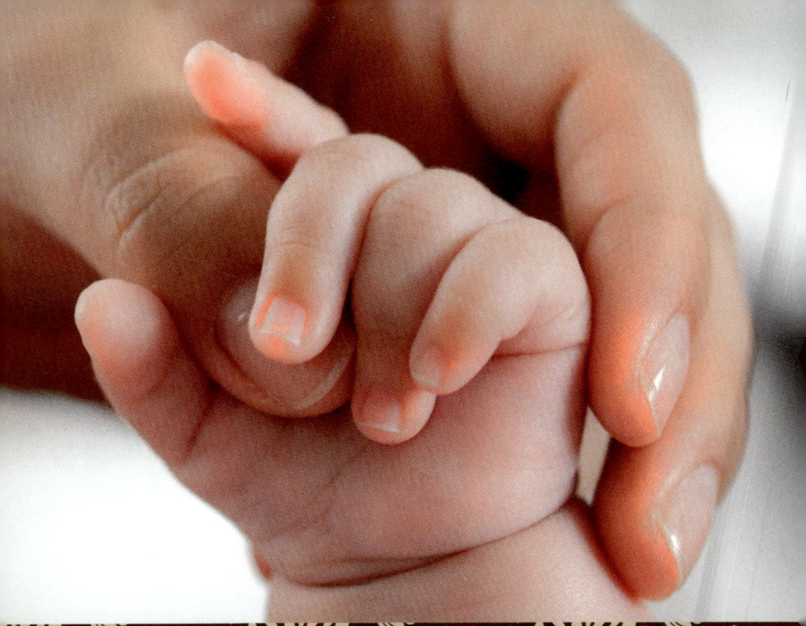

MUTTERSEGEN

Heile, heile Segen,
drei Tage Regen,
drei Tage Sonnenschein,
wird bald wieder besser sein.

Das alte Lied aus Kindertagen ...
Die Mutter damals,
ihr warmer Atem,
ihre zärtliche Umarmung.

Auf einmal ist er wieder da,
der Muttersegen,
warm und tröstend,
gerade jetzt, wo es schmerzt.

Ihr Segen,
noch immer spürbar
über Zeit und Raum hinweg,
nah und wärmend.

Heil bin ich und ganz.
Alles gehört zu mir.
Was war und was sein wird.
Ganz bin ich und heil.

Heilsame Augenblicke.
auch im Schmerz.
Geborgen, getröstet.
Mütterliche Güte
im Himmel wie auf Erden.

„HEILE, HEILE SEGEN ..."

Mir ist es nicht ums Segnen,
jetzt nicht!
Mir ist es ums Fluchen:
Warum ich?!
Warum ausgerechnet ich?!
Und warum jetzt?!

Nein! Nein! Nein!
Verdammt nochmal!
Ich will nicht!
Ich wehre mich mit Händen und Füßen.

Segne meine Verzweiflung, Gott.
Sei du größer als mein Schmerz.
Heile meine verwundete Seele.

SPRECHEN

Ich will mit dir sprechen, Gott.
Hör mir zu,
wenn ich mit mir spreche
als wäre es mit dir.

Amen.

„LIEBER GOTT, MACH MICH FROMM, DASS ICH IN DEN HIMMEL KOMM"

So hab ich als Kind gebetet.
Jetzt wünsche ich mir anderes:
Lieber Gott, mach mich gesund,
dass ich bald aufstehen
und ohne Schmerzen durchs Leben gehen kann.

Das mit dem Himmel kommt später.

WER LEHRT MICH BETEN?

Not macht stumm.
Angst verkrampft.

Wer lehrt mich beten?
Wer löst mir die Zunge
und wer den Krampf?

Ihr Mütter und Väter im Glauben,
leiht mir Worte, die tragen.
Schenkt mir Bilder, die Heimat sind.

„Und ob ich schon wanderte im finstern Tal
fürchte ich kein Unglück,
denn du bist bei mir.“

Kyrie eleison.

GUTE BESSERUNG

Gute Besserung –
das wünschen sie mir.
Kopf hoch!
Es wird schon besser werden ...

Gute Besserung –
und wenn es nicht besser wird?
Was wissen sie schon
Und – wollen sie es wissen?

Gute Besserung –
gut gemeint.
Hilflos wie wir alle.
Was wissen wir schon!

Gute Besserung –
etwas wird besser, ganz sicher:
die Zeit kostbarer,
die Dankbarkeit größer.

Gute Besserung –
am besten
mich dir überlassen,
es gut sein lassen, so, wie es ist.

SALBE MICH

Salbe mich, wenn ich dünnhäutig bin.
Höre mich, wenn ich rufe und bete.
Zünde ein Licht an, wenn ich mich fürchte bei Nacht.
Stärke mich, wenn ich erschöpft bin.
Schick mir einen Engel,
wenn ich allein es nicht schaffe.
Segne mich, wenn ich aufgeben will.

AUFBLÜHEN

„Gute Besserung“
wünscht mir der Nachbar mit kräftigem Händedruck.
Er sagt es mit offenem Herzen.
Wie wohl mir das tut!

Ich nehme den Wunsch, als sei er ein Segen.
Wer wagt schon zu sagen: Ich segne dich!

Auch Wünsche sind Segen,
so wie in jedem „Grüß Gott“
oder „Behüte dich Gott“
ein Segen steckt.

Da bist du nicht kleinlich, Gott.
Du bist mittendrin
in unbeholfenen Worten und Gesten
und segnest uns.

Du bist im Gruß des Nachbarn,
im kräftigen Handschlag.
So segnest du mich.

Ich lasse mich segnen.
Ich blühe auf.
Und werde so selbst zum Segen.

Seelische Nahrung

Das Essen war gut.
Ich bin satt geworden.

Doch wo ist Nahrung für die Seele?
Meine Seele hat Hunger.
Sie hungert nach Menschen,
die einfach da sind und da bleiben,
die Geduld mit mir haben,
mir lange zuhören
und mit mir schweigen.

Meine Seele hat Hunger nach Menschen,
die ihre Geschichten erzählen
und meine Geschichten hören wollen.

Vielleicht macht auch das satt:
mich selbst aufmachen,
zu den Menschen gehen
und bei ihnen bleiben.
Ihnen zuhören
und mit ihnen schweigen.

Auch das ist seelische Nahrung.

OHNE SCHMERZEN ERWACHT

Keine Schmerzen?
Keine Schmerzen heute Morgen!
Ich kann es kaum fassen.
Ich atme lange und tief.
Rundum wohlig, warm und schwer.

Der stechende Schmerz der letzten Tage und Wochen –
wo ist er?
Ich will ihn nicht suchen.
Ich will neu erfahren, wie es sich anfühlt,
ein Morgen ohne Schmerzen.

Tief durchatmen,
ein und aus und ein und aus.
Jede Zelle in mir atmet.
Jede Faser sagt:
Danke! Danke, du liebes Leben!

HEUTE

Ein neuer Tag, Gott – ein Geschenk von dir!
Was hast du heute mit mir vor?
Voller Erwartung öffne ich meine Seele.

Ich will die Schönheit des Tages genießen,
wo immer sie sich zeigt,
mit Überraschungen rechnen,
mich mit Ungereimtheiten versöhnen,
mit kleinen Schritten der Heilung entgegen.
Heute leben,
lebendig sein.

MORGENDÄMMERUNG

Wenn ich das Fenster
einen Spalt breit offen lasse,
höre ich den Singsang der Vögel,
ehe der Tag beginnt.

Lass uns einen Spalt breit offen lassen
zwischen dir, Gott, und mir,
zwischen deiner Welt
und meiner Welt.

Dann kannst du mich sehen,
wenn ich verzweifelt bin.

Dann kann ich dich hören,
wenn du mich bei meinem Namen rufst.

WACHGERÜTTELT

Ein Sturm fegte heute Nacht übers Haus.
Er rüttelte an den Fensterläden
und weckte mich aus dem Schlaf.
Mehr noch,
er hat mich wachgerüttelt: Wach auf!
Greife nach dem Leben – auch wenn es stürmisch ist!
Werde lebendig – auch wenn es dich schüttelt!

Da wusste ich:
Statt leblos mitten im Leben,
quicklebendig will ich bleiben,
solange mein Atem, dieser zarte Wind Gottes,
mich von innen belebt.

Sehnsucht nach Farben

Manchmal sehe ich nur Weiß:
die Wände, die Betten und die Kleider der Ärzte.
Dann sehne ich mich nach Farben
und schon entdecke ich sie:
Das Glas mit dem Tee ist golden,
der Strauß mit Wiesenblumen strahlend bunt.
Mein kleiner Schutzengel trägt ein blaues Kleid.
Unübersehbar das Mohnblumenbild von Nolde
an der Wand gegenüber
und das heilende Grün der Bäume im Park.

Danke, Schöpferin Gott,
dass du das Leben so bunt gemacht hast!

EBENBILD

Welches Bild von mir prägt mich?
Bin ich, was der Spiegel mir zeigt?

Ringe um die Augen,
Falten im Gesicht,
schüttere Haare,
alte Narben und
schmerzende Wunden.

Dahinter verborgen noch andere Bilder:
Augen, die strahlen,
Falten, auch solche vom Lachen,
Haare, fein wie Engelshaar,
Narben, lange verheilt,
Wunden, auch Zeichen meiner Lebendigkeit.

Unter allen Bildern verborgen dein Bild von mir, Gott.
Als dein Ebenbild hast du mich geschaffen.
Etwas in mir ganz lebendig,
liebend und kreativ,
geduldig und voll Hoffnung
wie du, Freundin des Lebens.

Und die, die für mich da sind,
auch in ihnen etwas von dir, Gott des Lebens:
ihre Hände sanft wie deine,
ihre Worte tröstend wie ein Wort von dir,
ihr Blick ermunternd, als schautest du mich an,
ihr Bei-mir-Sein kraftvoll und stärkend.

In deinen Augen sind wir wertvoll,
fähig zur Liebe.
Gib uns liebende Augen,
liebender Gott.

NACH PSALM 23

DER BECHER DES LEBENS GEFÜLLT BIS ZUM RAND

Ich halt ihn dir hin, Gott, den Becher des Lebens.
Füll du ihn, wenn er leer ist.
Füll ihn mit Hoffnung.

Ich trinke Leben
in kleinen Schlucken,
manchmal in vollen Zügen.

Jeden Tag neu,
wenn das Lachen aus dem Nebenzimmer
mich ansteckt,
wenn die Birke sich leicht wiegt im Wind,
wenn mich Hände heute sanft betten,
wenn ich die Sonne auf dem Gesicht spüre
und mein Leibgericht auf mich wartet.

Jeden Tag füllst du mir den Becher von Neuem
und auch nachts, wenn ich schlafe:
Dann tauche ich ab,
bin für nichts verantwortlich,
kann alles dir und dem Schlaf überlassen.

Dann wache ich auf und mein Becher ist voll.

DER STERNENMANTEL DER MARIA

Manchmal, wenn mir kalt ist,
dann nehme ich Großmutters wärmenden Wollschal
und denke an sie.

Manchmal, wenn meine Seele friert,
dann ziehe ich mir die Decke über den Kopf
und suche das wärmende Dunkel.

Manchmal, wenn das alles nichts nützt,
dann bitte ich um den Sternenmantel der Maria
und hülle mich ein in den Mantel der Liebe.

Wohl wird mir dann,
ganz warm ums Herz,
und ich freue mich wieder am Leben.

ICH HABE NOCH LEBEN VOR MIR

Schritte barfuß im Gras,
unerwarteter Besuch,
ein Lied, das ich summe,
und Mozart im Radio,
ein Schluck Wein zum Anstoßen mit Freunden
und bittere Schokolade,
ein Strauß roten Klatschmohns
und der Duft von frisch gemahlenem Kaffee,
das frisch bezogene Bett
und traumloser Schlaf.

So viel Leben liegt vor mir!

HERZLICHE GRÜSSE

Unter all den Drucksachen
heute diese Karte, geschrieben von Hand –
wie sehr sie mich freut!

Es steht nicht viel drauf, auf der Karte,
nur: „Herzliche Grüße aus dem Süden."
Sie haben an mich gedacht.
Ich bin nicht vergessen.
Ein kurzer Gruß: „Es gibt dich!"

Und so grüße ich dich, ferner Gott:
Herzliche Grüße von mir!
Ich habe an dich gedacht.
Du bist nicht vergessen.
Es gibt dich, wie gut zu wissen!

Du bist einer, dem liegen die, die leiden, am Herzen.
Von dir sind wir nicht vergessen.
Du lässt uns grüßen auf vielerlei Weise:
durch Menschen und Blumen und Worte auf Karten.

HEILSAM

Heilsam sind Worte und Blicke
und manchmal ein wärmendes Bad.

Heilend die Hände, die sanft mich berühren,
von außen nach innen.

Heilig bist du, Gott.

Geheiligt bin ich,
von dir berührt und gesegnet.

Heil darf ich sein,
weil du willst, dass ich lebe.

BITTE UM HEILUNG

Ich bitte
für die Wunden,
die sichtbaren und die unsichtbaren,
für die Beziehungen,
die zerbrochenen und die gefährdeten,
für die Ängste,
die bewussten und die unbewussten.

Ich bitte um Heilung, Gott.
Ich bitte um deinen Segen,
der heilt und aufrichtet,
der versöhnt und neu macht.

Lass deinen Segen reichlich strömen durch dieses Haus,
durch alle Häuser,
und bitte auch reichlich durch mich,
damit ich Teil deines Segenstroms werde,
weitergebe und fließen lasse
Segen und Heilung und Heil.

HEILENDE GESCHICHTEN

Auch Geschichten können heilen.
Der Mann aus Nazaret hat sie erzählt.

Die Geschichte vom Sauerteig,
der alles durchsäuert:
So wenig braucht es, und es entsteht Brot,
das den Hunger stillt.

Oder die Geschichte vom Senfkorn,
das winzig klein ist.
Dem traut man nicht zu,
dass daraus Großes erwächst.

> Du traust mir viel zu, Gott,
> auch wenn ich klein bin und meine Kraft abnimmt.

Oder die Geschichte vom Kranken,
der von Jesus gefragt wird:
„Willst du gesund werden?"

> Du brauchst mich dazu, Gott.
> Damit ich heil werde und Neues entsteht.

GESCHENKE DER NACHT

Die Nacht hat ihre eigenen Geschenke:
Der Ruf des Käuzchens durchbricht die Stille:
die Treppe knarrt,
die fast lautlosen Schritte der Nachbarin;
sie ist zurück, ich bin froh.

Und dann tauchen sie auf,
die Gesichter der Menschen,
die ich lange vergessen habe.
Ich lade sie ein: Kommt, setzt euch zu mir!
Morgen rufe ich euch an!

Der Schlaf will nicht kommen.
Wo bleibst du, Bruder Schlaf?
Er flüstert
und verrät sein Geheimnis:
„Im Dunkeln siehst du klarer, was zählt:
Hingabe,
dich überlassen und fallen lassen
und Menschen, die zu dir gehören."

Mitten in der Nacht erfahre ich
die Geschenke der Nacht:
ihr bergendes Dunkel,
ihr nächtliches Erbarmen –

und falle in heilsamen Schlaf.

Ich lasse meine Seele tanzen

„Ich lobe den Tanz“,
soll der heilige Augustin gesagt haben.
Wie recht hat er!
Ich habe immer so gerne getanzt.
Und jetzt
lasse ich einfach die Seele tanzen.

„O Mensch, lerne tanzen,
sonst wissen die Engel im Himmel
mit dir nichts anzufangen.“

Befreit von der Schwere der Dinge
tanzt meine Seele.
Sie wiegt meinen Körper.
Ich spüre sein Drehen und Schwingen
als schwebe ich über dem Boden.

Ihr Engel im Himmel
tanzt jetzt schon mit mir.
Und Du, Göttin Gott,
tanze mit uns!

NACH SPRICHWÖRTER 17,22

EIN FRÖHLICHES HERZ

Mein Herz voll Freude,
beschwingt mein Gemüt,
hoffnungsvoll erwartend
und voller Lust.

Neues Leben vor mir.
Geschenkte Zeit,
erfüllt
und voll Sehnsucht.

LEBENSFREUDE

Ein Strauß Margeriten,
lauter Sonnen im Zimmer,
jede Einzelne lacht mich an
und wünscht: Guten Morgen!

Ich lache zurück
und freue mich am Leben.
Du meinst es gut mit mir, Gott.

IM EINKLANG

Das Konzert im Radio, zufällig eingeschaltet,
das Zusammenspiel, der Zusammenklang –
wie wohl wird mir!
Ich atme auf.
Meine Seele beginnt zu singen.

Auch Musik hat Farben, Klangfarben.
Sie färben meinen grauen Tag bunt.
Heilung für die Seele.
Mehr noch:
Seele und Körper im Einklang jetzt.
Auch ich im Einklang mit mir
und mit dir, Schöpferin Gott.

Wie reich du mich machst
mit Farben und Klängen und Melodien!

FEDERLEICHT

Eine Feder der Eule,
dieser lautlose Vogel der Nacht,
ein Geschenk der Freundin.
Leicht hat sie damit mein Gesicht berührt,
bis ich selbst ganz leicht wurde.
Federleicht.

Wenn Schwere sich jetzt auf mich legt,
dann nehme ich die Feder der Eule
und streiche mir sanft übers Gesicht,
bis ich leicht werde.
Federleicht.

HEILSAM, HEILEND UND HEILIG

Heilsam sind Salben und Tropfen und Bäder –
aber auch Worte, Geschichten und Lieder.

Heilend die ärztliche Kunst –
doch genauso Berührung und menschliche Nähe.

Heilig Gebete, sie verbinden mit dir –
und Menschen. Sie spiegeln dein Angesicht, Gott.

MEINEN KÖRPER BEWOHNEN

Ausgewandert war ich,
heraus aus dem schmerzenden Körper.
Wohin?
Ins Nirgends.
Ich wollte nur fliehen.

Lass mich heimkehren, Gott,
heim zu mir selbst,
in mein irdisches Haus.
Meinen Körper wieder bewohnen.
Ich hab nur dies Haus.
Du gabst es mir
als Geschenk,
als Aufgabe
und manchmal als Bürde.

Lass ihn zum Tempel mir werden.
Ein Haus für deinen Heiligen Geist –
zerbrechlich, zerstörbar und endlich.

Aber heilig, weil Herberge für dich.

VERBUNDEN

Seit gestern steht er auf meinem Nachttisch,
der Topf mit dem „Tränenden Herz“.
Ein lebendiges Wesen – Liebe auf den ersten Blick.
Wie sie mich anschauen, die feurig roten Herzen!
Lachen und Weinen am selben Strauch.

Auch sie ein Werk der Schöpfung.
Schön und vergänglich – wie ich.
Auch sie der Sorgfalt und Zuwendung bedürftig.
Ich gebe beides und hauche sie an.
Sie brauchen meinen Atem und ich den ihren.

Wir brauchen einander.
Ich gebe Wasser,
sie schenken Gewissheit,
dass ich verbunden bin mit dem Ganzen.

Und das Ganze, Gott, ist das nicht ein Name für dich?

GANZ NEU

Nicht mehr
alles selbst machen können,
alle Wünsche erfüllen
unendlich viel Zeit.

Immer noch
kleine Schritte ums Haus,
lachen, mich freuen,
pfeifen und singen.

Ganz neu
lauschen, statt nur zu hören,
betrachten, statt nur zu sehen,
staunen, statt nur zur Kenntnis zu nehmen,
verweilen, statt weiterzulaufen.

Kleines Glück auf einmal ganz groß.

LEBENSSATT

So möchte ich einmal aus dieser Welt gehen:
lebenssatt wie die Väter und Mütter der Bibel.

Noch bin ich nicht satt.
Noch habe ich Hunger nach Leben:
Ich will die Enkel erleben
und eintauchen in die Fülle des Sommers,
die Früchte des Herbstes kosten,
mit dem Frühling noch einmal jung werden
und im Winter zur wohlverdienten Ruhe gelangen.

Ich möchte mich noch einmal sattessen am Leben.
Wartest du so lange auf mich, Gott?

SO VIEL ZEIT

Ich will mir nicht die Zeit vertreiben.
O nein! Ich will mir die Zeit nehmen!

Tief ausatmen will ich
und die kostbare Zeit voll genießen.
Tief ausatmen, die Zeit mir gönnen.

Die Zeit nutzen zum Fragen:
Wo habe ich zu viel gewollt und zu viel getan?
Und wo zu wenig?

Die Zeit nutzen zum Nachdenken:
Wofür lohnt es zu leben?
Wofür gerade jetzt?

Die Zeit nutzen zum Stillwerden:
Wo will ich Altes zurücklassen?
Wo etwas verändern oder gar mich selbst?

Die Zeit nutzen zum Träumen:
von einem erfüllten Leben,
jetzt so dringend wie nie zuvor.

Die Zeit nutzen zum Lernen:
die alten Verse und Lieder
und vielleicht ein neues Gedicht.

Die Zeit nutzen zum Danken:
Du schenkst mir die Zeit,
und mein Herz ist voll Dank.

FLICKENTEPPICH

Stückwerk alles?
Mein Leben zerfällt in einzelne Teile.
Wie hängt alles zusammen,
Gelungenes und Irrungen,
Schönheit und Bosheit?

Nimm deinen Goldfaden,
Weberin Gott,
und füge die Teile zusammen.
Ergänze, was fehlt.

Mach aus mir einen Flickenteppich,
aus lauter Stücken zusammengesetzt.
Flickenteppiche hab ich so gern.
Bunt sind sie wie mein eigenes Leben.

Und alles hat Platz:
das Dunkle, das Helle.
Dein goldener Schimmer
Versöhnt mich mit mir.

Danke, Weberin Gott!

ENTFALLEN

Der Name – entfallen.
Das Gesicht – entfallen.
Die Geschichte dazu – entfallen.

Langsam, langsam
entfalle ich mir.

Ich fürchte mich.
Doch ich falle in dich,
in das große Dunkel,
in das große Licht.
In dich,
du – unendliche Liebe.

NACH GENESIS 32

HINKEND UND GESEGNET

Gekämpft
bis in die Morgenröte,
nicht gegen Engel,
gegen dich.

Gelitten,
lange,
zutiefst geheilt
durch dich.

HEIMKOMMEN

Was kommt nach dem Ende?

Ein Sprung in wärmendes Wasser.
Wie ganz am Anfang
warmes Mutterwasser,
so ganz am Ende
warmes Himmelswasser.

Wie am Anfang die menschliche
so am Ende die göttliche Liebe.

Ich lasse mich fallen in dich hinein.
Du umfängst mich.
Ich komme heim.

DIE AUTORIN

© privat

Angela Römer-Gerner ist im Norden Deutschlands aufgewachsen. Nach Stationen als Pfarrerin in Sursee/Luzern und Bümpliz/Bern, Seelsorgerin an der Psychiatrischen Klinik in St. Urban und Studienleiterin im Bildungszentrum in Gwatt am Thunersee war sie von 1998 bis 2006 Leiterin der Fachstelle Spiritualität der Reformierten Kirchen in Bern-Jura-Solothurn. Heute ist Angela Römer-Gerner freiberuflich als Autorin und Referentin tätig.

Von derselben Autorin im Verlag Herder:

In mir die ganze Schöpfung
Mit Maria den eigenen Weg entdecken
ISBN 978-3-451-32774-2

Möge deine Seele voll sein von Leben
Keltische Spiritualität entdecken
ISBN 978-3-451-30677-8

In gleicher Ausstattung sind im Verlag Herder erschienen:

Christa Spilling-Nöker
Behütet! Psalmengebete
Gebunden | Durchgehend farbig
ISBN 978-3-451-30937-3

Tanja Flentje
Geborgen! Frauengebete
Gebunden | Durchgehend farbig
ISBN 978-3-451-30935-9

Petra Stadtfeld
Bestärkt! Kraftgebete
Gebunden | Durchgehend farbig
ISBN 978-3-451-33485-6

www.herder.de

Umschlaggestaltung: wunderlichundweigand.de
Umschlagmotiv: manun/photocase.com

Innengestaltung: UNI Medienservice, Britta Nickel-Uhe

Fotos im Innenteil:
MEV-Verlag: S. 2, 12, 15, 24, 32, 36, 39
ccvision: S. 7, 8
fotosearch: S. 27, 28
Fotolia: S. 4 © monopictures, S. 11 © Oran Tantapakul, S. 16 © alinamd, S. 19 © vikiri, S. 20 © Joerg Geldmacher, S. 23 © steschum, S. 31 © S.H.exclusiv, S. 35 © eAlisa, S. 40 © ferretcloud, S. 43 © fernweh, S. 45 © sokolovsky

Herstellung: FINIDR, s.r.o.

Gedruckt auf umweltfreundlichem, chlorfrei gebleichtem Papier

Printed in the Czech Republic

ISBN 978-3-451-31240-3